Withdrawn/ABCL

DAMAGE NOTED
Withdrawn/ABCL
DATE: 6/22/15
pen marks

12/05/14

D0824695

Withdrawn/ABCL

Leopardos

Claire Archer

390/5051343132

ABDO
GRANDES FELINOS
Kids

www.abdopublishing.com

Published by Abdo Kids, a division of ABDO, P.O. Box 398166, Minneapolis, Minnesota 55439.

Copyright © 2015 by Abdo Consulting Group, Inc. International copyrights reserved in all countries.
No part of this book may be reproduced in any form without written permission from the publisher.

Printed in the United States of America, North Mankato, Minnesota.

072014

092014

 THIS BOOK CONTAINS
RECYCLED MATERIALS

Spanish Translators: Maria Reyes-Wrede, Maria Puchol

Photo Credits: Glow Images, Shutterstock, Thinkstock

Production Contributors: Teddy Borth, Jennie Forsberg, Grace Hansen

Design Contributors: Candice Keimig, Laura Rask, Dorothy Toth

Library of Congress Control Number: 2014938817

Cataloging-in-Publication Data

Archer, Claire.

[Leopards. Spanish]

Leopardos / Claire Archer.

p. cm. -- (Grandes felinos)

ISBN 978-1-62970-297-1 (lib. bdg.)

Includes bibliographical references and index.

1. Leopards--Juvenile literature. 2. Spanish language materials--Juvenile literature.

I. Title.

599.75--dc23

2014938817

Contenido

Leopardos

Los leopardos viven en

África y en Asia. Viven en

muchos **hábitats** diferentes.

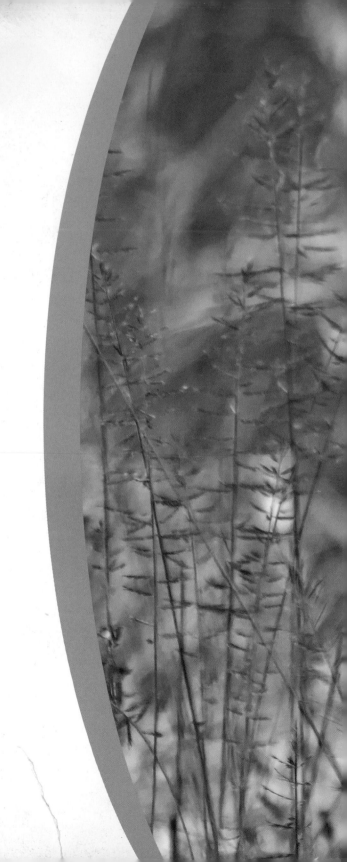

5

Los leopardos prefieren **hábitats** con muchos árboles. También les gusta estar cerca del agua. Son buenos trepadores y nadadores.

Los leopardos tienen pelaje
de color claro. Su pelaje
tiene manchas oscuras. Estas
manchas se llaman **rosetas**.

Algunos leopardos son negros. A los leopardos negros también se les llama panteras negras.

Los leopardos descansan

la mayor parte del día.

A menudo duermen en

lo más alto de los árboles.

Caza

Los leopardos cazan principalmente por la noche. Comen peces, **reptiles** y **mamíferos** pequeños.

Felinos solitarios

Los leopardos pasan la mayor parte de su vida solos. Las crías y sus madres son los que pasan más tiempo juntos.

17

Crías de leopardos

Las crías de los leopardos se llaman **cachorros**. Su pelaje es gris cuando nacen.

Las madres les enseñan a sus **cachorros** a **sobrevivir**. Después de dos años, los cachorros están listos para vivir solos.

21

Más datos

- Los leopardos se caracterizan por subir sus **presas** a los árboles. Lo hacen para que otros animales no se coman su comida.

- Los leopardos tienen un excelente sentido del oído y del olfato.

- Los leopardos ronronean cuando están felices. Cuando están enojados gruñen, rugen y escupen.

Glosario

cachorro – un animal joven.

hábitat – lugar donde los seres vivos se encuentran de forma natural.

mamífero – miembro de un grupo de seres vivos. Los mamíferos producen leche para alimentar a sus crías y normalmente tienen pelo o pelaje.

presa – un animal que ha sido atrapado o cazado por un depredador para comérselo.

reptil – animal de sangre fría que tiene escamas. Los reptiles normalmente ponen huevos en la tierra. Las serpientes, los lagartos y las tortugas son reptiles.

roseta – una marca que parece una rosa.

sobrevivir – crecer y estar sano.

23

Índice

abdokids.com

¡Usa este código para entrar a abdokids.com y tener acceso a juegos, arte, videos y mucho más!

Código Abdo Kids:
BLK0038